BEI GRIN MACHT SICH IHR WISSEN BEZAHLT

Persönlichkeitseigenschaften, Intelligenzmodelle, Intelligenzmessung und Persönlichkeitstypologien

Ein Überblick

Dominik Archer

Bibliografische Information der Deutschen Nationalbibliothek:

Die Deutsche Nationalbibliothek verzeichnet diese Publikation in der Deutschen Nationalbibliografie; detaillierte bibliografische Daten sind im Internet über http://dnb.d-nb.de abrufbar.

ISBN: 9783346779533
Dieses Buch ist auch als E-Book erhältlich.

Inhaltsverzeichnis

1 Persönlichkeitseigenschaften und Eigenschaftsparadigma

Unter Persönlichkeitseigenschaften versteht man in der differentiellen Psychologie Merkmale, zu englisch „traits", die in einer Referenzpopulation unterschiedlich ausgeprägt, sowie bei zweimaliger Messung in kürzerem Zeitabstand sehr ähnlich, also zeitlich stabil, sind.[1] Sie gelten als überdauernde Eigenschaften bzw. Merkmale, die Personen dazu prädisponieren, sich über verschiedene Situationen hinweg, transsituativ, konsistent zu verhalten.[2] Sie sind als Dimensionen zu verstehen, mithilfe derer Personen nach dem Grad der Ausprägung eines gewissen Merkmals kategorisiert werden können. Merkmale sind immer auf einem Kontinuum zwischen zwei Extrempolen eingeordnet, sodass sich für jede Person eine Position zwischen beiden Ausprägungspolen ergibt. Sie stellen Dispositionen dar, in einer bestimmten Weise Reaktionen auf Reize folgen zu lassen.[3]

Das Eigenschaftsparadigma, das diesem sogenannten eigenschaftstheoretischen Ansatz zugrundeliegende Wissenschaftsparadigma, bildet das theoretische Fundament für eigenschaftsorientierte Theorien sowie Persönlichkeitseigenschaften. Ein Wissenschaftsparadigma meint eine zusammenhängende, von vielen Wissenschaftlern geteilte Sammlung aus theoretischen Leitsätzen, Fragestellungen und Methoden, die die wissenschaftliche Entwicklung über längere Zeit hinweg überdauert, ohne dass sich Widersprüche darin vorfinden lassen.[4] Das Eigenschaftsparadigma besagt, dass Personen charakteristische Merkmale und Regelmäßigkeiten in ihrem Verhalten und Erleben aufweisen, die zwar nicht direkt beobachtbar, aber durch wiederholte Beobachtung erschließbar sind. Gegensätzlich zur allgemeinen Psychologie, die sich zur Aufdeckung von allgemeinen Gesetzmäßigkeiten des Erlebens und Verhaltens auf die durchschnittliche Person konzentriert, sind hier die Differenzen von Person zu Person der zentrale Betrachtungswinkel, denn Individualität zeigt sich lediglich durch den Vergleich mit vergleichbaren Personen. Um etwa einschätzen zu können, ob man überdurchschnittlich ängstlich ist, reicht es nicht, die eigene Ängstlichkeit zu kennen, erst Vergleiche mit anderen Personen führen zu einer aussagekräftigen Beurteilung. Weiterhin besagt das Eigenschaftsparadigma, dass die Individualität einer Person umso deutlicher wird, je mehr Persönlichkeitseigenschaften betrachtet werden. Weiß man etwa von einer Person, dass sie überdurchschnittlich intelligent sei, so ist dies eine recht ungenaue Aussage. Die Betrachtung spezifischer Intelligenzfaktoren führt bereits zu einem exakteren Bild; so könnte die Person überdurchschnittliches sprachliches Verständnis sowie überdurchschnittliche Fähigkeiten zu schlussfolgerndem Denken aufweisen. Noch deutlicher wird die Individualität bei Hinzunahme gänzlich anderer Eigenschaften wie Gewissenhaftigkeit, Aggressivität oder Geselligkeit. Dadurch entsteht ein immer umfassenderes, der Individualität gerechter werdendes Persönlichkeitsprofil. Im Rahmen des Eigenschaftsparadigmas erfolgt die Erfassung der Individualität einer Person also durch Betrachtung vieler unterschiedlicher Eigenschaften, dadurch zeigt sich die individuelle Ausprägung einer jeden Eigenschaft verglichen mit den Ausprägungen der Referenzpopulation.[5]

Es war William Stern, der das Eigenschaftsparadigma im Jahre 1911 begründete, indem er im Rahmen der „Vier Disziplinen der differentiellen Psychologie" die variablenorientierte Sichtweise, also die Variation eines Merkmals innerhalb einer Bezugsgruppe, mit der personorientierten Sichtweise, bei der die Variation vieler Merkmale in einer einzigen Person im Mittelpunkt stehen, verband, und so die methodische Grundlage dafür legte. Auch Francis Galton, der erstmalig begann, Eigenschaftsunterschiede bezüglich Gedächtnisleistung und Wahrnehmungsschwellen zu erforschen

---

[1] Vgl. Asendorpf (2015), S. 16
[2] Vgl. Gerrig/Zimbardo (2015), S. 506
[3] Vgl. Becker (2014a), S. 39-40
[4] Vgl. Asendorpf (2015), S. 14
[5] Vgl. Asendorpf (2015), S. 14-15

sowie Alfred Binet, Entwickler des ersten Intelligenztests, trugen zur Entwicklung des Paradigmas hinsichtlich der Messung von Eigenschaftsunterschieden bei. Sterns Schema ignorierte jedoch einen heute zentralen Aspekt von Persönlichkeitseigenschaften, nämlich die zeitliche Stabilität dieser Eigenschaften.[6] Diese und weitere grundlegende Annahmen sollen im folgenden Abschnitt diskutiert werden.

1.1 Grundlegende Annahmen und die daraus folgende Kontroverse des eigenschaftstheoretischen Ansatzes

Wie bereits eingangs erwähnt, basieren eigenschaftstheoretische Ansätze und Persönlichkeitseigenschaften auf zwei Grundannahmen: Erstens sollen Persönlichkeitseigenschaften langfristige Stabilität aufweisen. Operationalisiert wird diese durch die langfristige Stabilität von Eigenschaftsunterschieden. So könnte im Rahmen einer Längsschnittstudie eine Persönlichkeitseigenschaft innerhalb einer ähnlichen Population in großem zeitlichem Abstand erhoben werden. Wenn die Eigenschaftsdifferenzen zwischen den Personen ähnlich bleiben, gilt die Eigenschaft als stabil. Auch, wenn sich die Eigenschaftsunterschiede verändern, dies aber im gleichen Maße geschieht, gilt sie als stabil. Nicht alle Persönlichkeitseigenschaften sind jedoch gleich stabil. Während manche Eigenschaften mit voranschreitender Entwicklung und zunehmender Lebenserfahrung durchaus Veränderungen erfahren können, bleibt etwa die Intelligenz sehr stabil.[7] Zweitens sollen Persönlichkeitseigenschaften transsituative Konsistenz aufweisen, also Stabilität im Verhalten auch über verschiedene Situationen hinweg.[8] Dies ist gegeben, wenn Eigenschaftsunterschiede innerhalb einer Situation im Vergleich zwischen Situationen ähnlich ausfallen. So wird etwa eine überdurchschnittlich ängstliche Person sowohl in einer Prüfungssituation, als auch beim Anblick eines gefährlichen Tieres mit überdurchschnittlicher Angst reagieren. Die Eigenschaftsunterschiede werden über viele Situationen hinweg ähnlich ausfallen.[9]

1.1.1 Kontroverse schaffende Studienergebnisse als Wegbereiter der State-Trait-Debatte

Schon bald zeigte sich in der empirischen Persönlichkeitsforschung jedoch, dass die transsituative Konsistenz von Persönlichkeitseigenschaften geringer ist, als eingangs erwartet wurde. Eine 1928 durchgeführte Studie von Hartshorne und May untersuchte das Merkmal Ehrlichkeit von 850 Schülern über acht verschiedene Situationen hinweg, etwa im Klassenzimmer, beim Sport oder bei den Hausaufgaben und legte damit den Grundstein für eine später aufkommende wissenschaftliche Debatte. Die Schüler wurden gezielt zum Mogeln, Lügen und Stehlen provoziert, beispielsweise durch verstecktes Geld in den Heften oder Notenschönigungsgelegenheiten. Das damalig erschreckende Ergebnis war, dass aus der Ehrlichkeit in einer Situation die Ehrlichkeit in der nächsten Situation kaum besser als zufällig vorhersagbar war.[10] Weitere Studien zur transsituativen Konsistenz von Merkmalen wie Introversion-Extraversion (Newcomb, 1929) oder Pünktlichkeit (Dudycha, 1936) erzielten ähnliche Ergebnisse.[11] Einen ersten Erklärungsversuch bezüglich der bis dato unerklärlichen Studienergebnisse nahm Gordon Allport 1937 vor. Nach ihm sei die situationsübergreifende Stabilität dadurch so gering, dass individuell relevante Eigenschaften abhängig von Situationen und Personen variieren können. So könnte Unehrlichkeit in Form von Stehlen entweder durch finanzielle Knappheit, hier mangelndes

---

[6] Vgl. Asendorpf (2015), S. 14-15
[7] Vgl. Asendorpf (2015), S. 17
[8] Vgl. Becker (2014a), S. 39
[9] Vgl. Asendorpf (2015), S. 17-18
[10] Vgl. Asendorpf (2015), S. 18
[11] Vgl. Gerrig/Zimbardo (2015), S. 512

Taschengeld, oder dem Nervenkitzel, nicht erwischt zu werden, motiviert sein. Unehrlichkeit bei der Notenschönigung könnte sowohl durch stark ausgeprägte Leistungsmotivation, durch Bedürfnis nach Lob von Angehörigen, als auch durch Angst vor Bestrafung Angehöriger bedingt sein. Jede dieser Eigenschaften sind je nach Schüler unterschiedlich stark ausgeprägt und ihnen kommt für unterschiedliche Ehrlichkeitssituationen unterschiedliche Bedeutung zu. Daraus ergibt sich eine niedrige transsituative Konsistenz der Ehrlichkeit. Für die empirische Forschung war diese zwar durchaus plausibel klingende Erklärung dennoch unpraktikabel, da offengelassen wurde, wie diese individuell relevanten Eigenschaften bestimmt werden sollten. Anschließend geriet das Problem zunächst wieder in Vergessenheit.

1.2 Die State-Trait-Debatte

Walter Mischel griff dieses im Jahre 1968 wieder auf und veröffentlichte eine Übersicht über empirische Befunde, die niedrige transsituative Konsistenz im Verhalten feststellten. Er schloss daraus[12], dass Verhalten sehr viel stärker durch „states", also zeitlich fluktuierende und meist situationsspezifische Befindlichkeiten einer Person, als durch Traits, die zeitlich überdauernd sind und über Situationen generalisierte Verhaltenstendenzen beschreiben[13], dominiert sei. Weiterhin wurde gefolgert, Verhalten sei nicht über Situationen hinweg konsistent, was das Konzept von Traits im Speziellen und eigenschaftstheoretischer Ansätze im Allgemeinen sinnlos erscheinen lässt.[14] Verfestigt wurden diese Schlüsse durch die Resultate des mindestens ebenso kontroversen Stanford Prison Experiment, bei dem Verhalten von Studenten beobachtet wurde, die zufällig die Rolle des Wärters oder des Insassen eines Gefängnisses zugeteilt bekamen. Auch hier zeigte sich, dass das Verhalten weit mehr von der Rollenvergabe, also der situativen Bedingung, bestimmt wurde als angenommen.[15]

1.2.1 Ende der State-Trait-Debatte

Wie sich erst später herausstellte, beruhten diese Kritiken auf einem Fehlschluss. Auch wenn Verhalten stark situationsabhängig ist, kann die verursachende, zugrundeliegende Eigenschaft dennoch transsituativ hoch konsistent sein, nämlich dann, wenn im Vergleich mit weiteren Personen die Rangfolge der untersuchten Eigenschaft für eine Person über alle Situationen hinweg ähnlich ausfällt. Dies soll anhand eines Beispiels verdeutlicht werden.

---

[12] Vgl. Asendorpf (2015), S. 18
[13] Vgl. Dorsch (2019)
[14] Vgl. Dorsch (2019)
[15] Vgl. Becker (2014a), S. 12

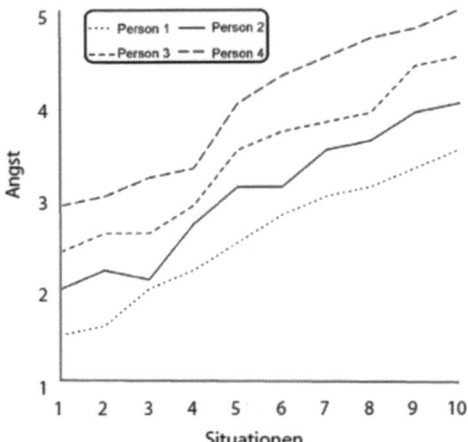

Abbildung 1: Transsituative Konsistenz von Ängstlichkeit bei starker Situationsabhängigkeit von Angst
(Quelle: Asendorpf (2015), S. 19)

Auf Abbildung 1 ist die Angststärke von vier Personen in zehn verschiedenen Situationen aufgezeigt, die auf solch eine Weise angeordnet wurden, dass die durchschnittliche Angststärke für alle Personen aufsteigend zunimmt. Man sieht deutlich, dass das Verhalten, die Angst, stark situationsabhängig ausfällt. Dennoch ist eine hohe transsituative Konsistenz der Eigenschaft Ängstlichkeit gegeben, denn die Reihenfolge der vier Personen bezüglich ihrer Angst in jeder Situation ist identisch. Die Graphen der Situationsprofile überschneiden sich nicht.[16]

Mischel selbst trug schließlich wesentlich zur Klärung der von ihm mitausgelösten Debatte bei. 1994 führte er mit Shoda et al. eine Studie durch, in der 53 Kinder zwischen sieben und 13 Jahren im Rahmen eines sechswöchigen Ferienlagers mithilfe von vielen geschulten Beobachtern den ganzen Tag hinweg beobachtet wurden. Durschnittlich wurde jedes Kind 167 Stunden beobachtet. Das Augenmerk lag unter anderem auf verbalen Aggressionen in fünf verschiedenen Situationen. Auch wenn die transsituative Konsistenz von verbaler Aggressivität niedrig ausfiel, zeigten die Kinder zeitstabile, individuelle Situationsprofile. Eine Gruppe von Kindern reagierte etwa besonders stark auf Erwachsene, eine andere besonders stark auf Gleichaltrige. Auf diese Weise demonstrierten sie also, dass trotz niedriger transsituativer Konsistenz zeitüberdauernde individuelle Situationsprofile gegeben sind, die als zeitstabile Persönlichkeitseigenschaften betrachtet werden können.[17] Durch eine große Zahl weiterer Veröffentlichungen, die Relevanz und Sinnhaftigkeit von Traits weiter manifestierten (Ozer und Benet-Martínez 2006; Roberts et al. 2007; Swann und Seyle 2005; Wiggins 1997), gilt die Debatte als beendet.[18]

Aus heutiger Sicht dürfte die Psychologie dennoch von dieser Debatte profitiert haben. Die gezwungenermaßen intensivere Auseinandersetzung mit Traits führte zur Rekonzeptualisierung dieser nicht nur nach struktur-orientierten, sondern ebenfalls nach prozess-orientierten Gesichtspunkten, also der Frage nach zugrundeliegenden biophysiologischen, kognitiven, affektiven, motivationalen und

---

[16] Vgl. Asendorpf (2015), S. 18-19
[17] Vgl. Asendorpf (2015), S. 19
[18] Vgl. Rauthmann (2017), S. 419

regulatorischen Prozessen von Traits. Auch formte sich daraus der Interaktionismus, der forderte, neben den Haupteffekten von Person und Persönlichkeit sowie Situation und Umwelt auch die Interaktion dieser beiden zu betrachten. Ihm zufolge sind Persönlichkeit und Situationen nicht unabhängig voneinander, komplex miteinander verwoben und ähnlich stark an der Verhaltenserklärung sowie –vorhersage beteiligt.[19]

1.3 Differenzierung von States und Traits im Alltag

1.3.1 Verallgemeinernde Aussagen

Auch im Alltag ergeben sich Szenarien, bei denen die Vergegenwärtigung der Differenzierung in States und Traits von Vorteil zur Fremdeinschätzung anderer Personen sein kann. Zu nennen sind hier etwa verallgemeinernde Aussagen. Oft führen Verallgemeinerungen zu verzerrenden Sichtweisen, denn viele scheitern daran, im Rahmen einer Verallgemeinerung zwischen States, situations- oder zeitgebundenem intraindividuellem Verhalten und Erleben, und Traits, relativ stabilen und überdauernden Merkmalen[20], zu differenzieren. Beispielsweise kann eine Person, die im Regelfall eher ruhig und beherrscht auftritt, unter bestimmten Umständen durchaus aufgeregtes und unbeherrschtes Verhalten zeigen. Daraus jedoch zu schlussfolgern, diese Person sei im Allgemeinen aufgeregt und unbeherrscht, ist falsch und führt dazu, dass Menschen zu Unrecht negativ bewertet werden und dadurch eventuell weiterer Kontakt unterbunden wird. Daher sind Aussagen wie „Er ist selbstsüchtig" oder „Du bist wundervoll" meist nicht mehr als vage Verallgemeinerungen, denn „Du bist selbstsüchtig" würde implizieren, dass diese Person fast immer Entscheidungen trifft, die die Wünsche und Bedürfnisse anderer außer Acht lässt. Um solchen Verallgemeinerungen entgegenzuwirken, empfiehlt sich eine exaktere, spezifischere Ausdrucksweise. Advers zu „Er ist selbstsüchtig", wäre die Aussage „Bei Sallys Party hat er sich selbstsüchtig benommen, als er Tommy nichts von seinem großen Kuchenstück abgeben wollte" legitim und unanzweifelbar.[21] Nun kann der Hintergrund dieses gezeigten Verhaltens entweder der sein, dass der Person tatsächlich ein hoher Ausprägungsgrad an Selbstsucht innewohnt, andererseits könnte hier auch der Lieblingskuchen der Person vorgelegen haben, den sie seit Jahren nicht mehr zu schmecken bekam, oder die Person könnte den ganzen Tag noch nichts gegessen haben und daher äußerst hungrig sein. Da dies im Regelfal unbekannt ist, sollte keine verallgemeinernde, sondern eine den Beobachtungen gerecht werdende Aussage getätigt werden.

1.3.2 Fundamentaler Attributionsfehler

Die Tendenz, bei zu erklärendem Verhalten dispositionale Faktoren überzubewerten und gleichzeitig situative Faktoren unterzubewerten, ist so allumgreifend, dass Lee Ross diese 1977 als fundamentalen Attributionsfehler bezeichnete.[22]

Warum der fundamentale Attributionsfehler so fundamental ist, zeigt eine erstmals 1967 durchgeführte Studie von Jones und Harris auf, die auch vielfach repliziert wurde:[23] Hierbei wurden Studenten in einer ersten Versuchsbedingung darum gebeten, einen Aufsatz bezüglich Fidel Castros Herrschaft in Kuba zu lesen, der von Kommilitonen verfasst wurde. Dieser Aufsatz konnte sich sowohl für, als auch gegen Castros Herrschaft richten, die Studenten hatten freie Wahl. Anschließend wurden die Leser aufgefordert, die private Position des Verfassers bezüglich Castros Herrschaft einzuschätzen. Das Ergebnis war eindeutig, pro-Castro-Aufsätze wurden dergestalt bewertet, dass die Person Castro

[19] Vgl. Dorsch (2019)
[20] Vgl. Stemmler (2016), S. 65-66
[21] Vgl. Lazarus, C. (2017), 6. Absatz
[22] Vgl. Gerrig/Zimbardo (2015), S. 647
[23] Vgl. Aronson/Wilkinson/Akert (2016), S. 102-103

unterstütze. In einer zweiten Versuchsbedingung wurde den Lesern mitgeteilt, dass die Verfasser nicht ihre persönliche Meinung wiedergeben, sondern im Rahmen einer Debatte eine vorgegebene Position argumentieren. Doch trotz des Wissens um die unfreiwillig eingenommene Position der Autoren, die nicht das glauben müssen, wofür sie argumentieren, sondern externale, situative Umstände für diese Position verantwortlich waren, wurde so interpretiert, dass jene pro-Castro-Beweisführer auch privat zu einem gewissen Ausmaß Unterstützer seiner Herrschaft seien. Trotz des Vorhandenseins und insbesondere des Wissens um situative Einflussfaktoren werden diese in den Hintergrund gerückt, mit scheinbar dispositionalen Erklärungen substituiert.

Weshalb uns diese Imbalance der Ursachenzuschreibung immer wieder unterläuft, hängt mit perzeptueller Salienz, der augenscheinlichen Relevanz von Informationen im Zentrum unserer Aufmerksamkeit, zusammen. Bei Verhaltenserklärungen liegt der Fokus auf der Person, weniger auf situativen Faktoren, denn diese sind praktisch unsichtbar. Denn es ist unerschließbar, welche Ereignisse sich vor unserer Konfrontation mit der Person zugetragen haben, und selbst wenn diese bekannt sind, ist unklar, wie sie sich auf die Person und ihr Verhalten auswirken. Während also die situativen Umstände meist unersichtlich sind, sehen wir das Individuum und ihr gezeigtes Verhalten, und glauben, dass das, was im Zentrum unserer Aufmerksamkeit steht, scheinbar wichtig und gleichzeitig ursächlich für das gezeigte Verhalten sein muss.[24]

1.4 Differenzierung von States und Traits vor dem Hintergrund des Einsatzes von Assessment Center-Verfahren

1.4.1 Stärkere Beurteilungsvalidität unter Berücksichtigung von State-Trait-Wechselwirkungen

Beim Einsatz von Assessment Center-Verfahren zur Auswahl der am besten geeigneten Bewerber hinsichtlich ihrer für die entsprechende Tätigkeit relevanten Merkmale und Kompetenzen müssen States, Traits und deren Wechselwirkung ebenfalls differenziert betrachtet werden. Durch Analyse verschiedener Studien zeigten Lievens et al. (2006), dass die Beurteilungsvalidität in Assessment Centern stärker ist, wenn die zu beurteilenden Traits in Verbindung mit passend konstruierten Situationen ermittelt werden. Wird dies getan, dann drückt sich das Verhalten besonders gut in einer solchen Situation aus, kann von den Assessoren besser beobachtet und der zugrundeliegende Trait folglich exakter beurteilt werden.[25]

Mit dieser Erkenntnis empfehlen sich zur Durchführung von Assessment Center-Verfahren dynamisch-interaktionistische Ansätze, die Personen, Umwelten bzw. Situationen, deren Wechselwirkungen und Verhalten gemeinsam betrachten. Dazu zählt etwa die trait activation theory, die darlegt, wie Traits als Dispositionen, auf bestimmte Art und Weise auf Reize zu reagieren, durch situative Einflüsse „aktiviert" werden und sich dann im Verhalten zeigen. Traitrelevantes Verhalten wird verstärkt dann gezeigt, wenn dazu notwendige oder förderliche Umweltreize gegeben sind.[26] So wird der Trait Extraversion bei einer extravertierten Person deutlich besser beobachtbar sein, wenn passende situative Einflüsse, also etwa andere Personen, mit denen sich ausgetauscht werden soll, dargeboten werden.

---

[24] Vgl. Aronson/Wilkinson/Akert (2016), S. 103
[25] Vgl. Rauthmann (2017), S. 425
[26] Vgl. Rauthmann (2017), S. 425

2 Intelligenz

2.1 Verständnis und Konzeptualisierung von Intelligenz

Obwohl die Intelligenz hinsichtlich der Fülle an erhobenen Daten und der Forschungsdauer die am besten erforschte Persönlichkeitseigenschaft darstellt, variieren Definitionen von Intelligenz aufgrund von parallel existierenden, voneinander abweichenden Intelligenzkonzepten. Untergeordnete Einzelfähigkeiten unterscheiden sich von Theorie zu Theorie, die übergreifende Auffassung in westlichen Kulturkreisen ist jedoch die, dass die kognitive Leistungsfähigkeit des Menschen als Intelligenz konzeptualisiert werden kann.[27] Dazu zählen etwa schlussfolgerndes Denken, räumliches Vorstellungsvermögen, oder verbale Fähigkeiten.[28]

Alfred Binet und Théodore Simon, zwei Pioniere der Intelligenzmessung, die mitunter den ersten Intelligenztest entwickelten, konzeptualisierten Intelligenz als „die Fähigkeit, gut zu urteilen, gut zu verstehen und gut zu denken."[29] William Stern, Begründer des Intelligenzquotienten, sah Intelligenz im Jahre 1912 als die generelle Fähigkeit eines Individuums, das Denken bewusst auf neue Forderungen einzustellen. Sie sei zu verstehen als geistige Anpassungsfähigkeit auf unbekannte Aufgaben und Bedingungen des Lebens.[30] 1935 konkretisierte er diese Auffassung: Sie sei die „personale Fähigkeit, sich unter zweckmäßiger Verfügung über Denkmittel auf neue Forderungen einzustellen."[31] David Wechsler definierte Intelligenz wiederum als „[...] zusammengesetzte oder globale Fähigkeit des Individuums, zweckvoll zu handeln, vernünftig zu denken und sich mit seiner Umgebung wirkungsvoll auseinanderzusetzen."[32] Weiterhin besagt eine recht neue Definition von Neubauer und Stern (2007): „Intelligenz ist die Fähigkeit, sich in neuen Situationen aufgrund von Einsicht zurechtzufinden, Aufgaben mithilfe des Denkens zu lösen, wobei nicht auf eine bereits vorliegende Lösung zurückgegriffen werden kann, sondern diese erst aus der Erfassung von Beziehungen abgeleitet werden muss."[33] Diese und weitere Definitionen zeigen, dass keine exakte Übereinstimmung herrscht, was unter Intelligenz subsumiert werden kann. Dennoch sind gemeinsame Nenner in allen Konzeptionen vorzufinden, die sich nach Hofstätter (1957) in vier Aspekten äußern: Zum einen handele es sich bei Intelligenz um eine Begabung bzw. ein Kollektiv von Begabungen, die ein Lebewesen in höherem oder geringerem Maße besitzen kann. Weiterhin ermögliche sie die Lösung konkreter oder abstrakter Aufgaben und damit auch die Bewältigung neuartiger Situationen. Sie erübrige bloßes Herumprobieren und das Lernen an sich zufällig einstellenden Erfolgen. Zuletzt äußere sie sich in der Erfassung, Anwendung, Deutung und Herstellung von Beziehungen und Sinnzusammenhängen.[34]

2.2 Modelle der Intelligenz

Wie bereits erörtert, gilt die Intelligenz als sehr intensiv erforschtes Persönlichkeitsmerkmal. Im Folgenden werden drei relevante Modelle der Intelligenz beleuchtet, die sich im Forschungsverlauf herausbildeten. Anschließend sollen diese miteinander verglichen und diskutiert werden.

---

[27] Vgl. Becker (2014a), S. 89
[28] Vgl. Tröster (2018), Kapitel 6, 3. Absatz
[29] Binet & Simon (1905), S. 197, zitiert nach Tröster (2018), Kapitel 6.3, 3. Absatz
[30] Vgl. Tröster (2018), Kapitel 6.3, 3. Absatz
[31] Stern (1935), S. 424, zitiert nach Tröster (2018), Kapitel 6.3, 3. Absatz
[32] Wechsler (1964), S. 13, zitiert nach Tröster (2018), Kapitel 6.3, 3. Absatz
[33] Neubauer & Stern (2007), S. 14, zitiert nach Tröster (2018), Kapitel 6.3, 3. Absatz
[34] Vgl. Hofstätter 1957, S. 187, zitiert nach Tröster (2018), Kapitel 6.3, 5. Absatz

2.2.1 Die Zweifaktoren-Theorie von Charles Spearman

Die Zweifaktoren-Theorie von Spearman wird den Strukturtheorien bzw. psychometrischen Theorien der Intelligenz zugeordnet. Diese streben die Beschreibung einzelner, voneinander unterscheidbarer Fähigkeiten an. Sie sind eng geknüpft an das statistische Verfahren der Faktorenanalyse als empirische Grundlage, die dazu dient, korrelative Zusammenhänge zwischen Variablen auf einige wenige Faktoren zurückzuführen.[35] Die 1904 veröffentlichte Zweifaktoren-Theorie gilt als erste psychometrische Theorie der Intelligenz. Startpunkt Spearmans Theorie war die Feststellung, dass die Leistungen einer Personenstichprobe bei der Vorgabe mehrerer Intelligenztestaufgaben zwar schwach, aber positiv korrelierten. Diese Feststellung basierte auf einem 16 Jahre andauernden Prozess der Informationssammlung, bei dem er zahlreiche Daten mittels unterschiedlicher Intelligenztests bei Kindern erhob und diese faktorenanalytisch auswertete.[36] Daraus folgerte er, dass kognitive Leistungen durch zwei Komponenten erklärbar sind, zum einen durch eine Varianzkomponente, die allen Testaufgaben gemeinsam ist und durch die „Allgemeine Intelligenz" bzw. „Generalfaktor der Intelligenz" oder auch „g"- Faktor ausgedrückt wird, zum anderen durch eine zweite, aufgabenspezifische Komponente („s").[37] Den g-Faktor konzeptualisierte er als eine Art „mentaler Energie", auf die Leistungen aller Art bei Intelligenztests zurückführen. Dieser sei an allen geistigen Leistungen beteiligt. Spezifische Faktoren werden dann je nach Aufgabenanforderung zusammen mit dem g-Faktor wirksam. Sie seien unabhängige, bereichsspezifische Faktoren, wie etwa die sprachliche Intelligenz, das räumliche Denken oder die mathematische Intelligenz.[38]

Auch heute ist der g-Faktor noch Grundlage vieler Testverfahren, welche aus einer Reihe verschiedener Testverfahren bestehen, die getrennt bewertet, am Ende jedoch zu einem Gesamt-IQ summiert werden. Dieser Gesamt-IQ spiegelt den angenommenen g-Faktor wider. Der Hamburg-Wechsler-Intelligenztest für Kinder (HAWIK) zählt hier zu den populärsten Tests.[39]

2.2.2 Das Berliner Intelligenzstrukturmodell von Adolf Jäger

Das Berliner Intelligenzstrukturmodell, kurz BIS, wurde 1982 von Jäger mit dem Ziel entwickelt, Unterschiede in konkurrierenden Strukturmodellen der Intelligenz zu erklären und die Modelle zu einem einheitlichen Gesamtmodell zu integrieren. Es ist ein hierarchisches, bimodales Strukturmodell der Intelligenz und wird den integrativen Strukturtheorien zugeordnet.[40]

Grundannahme Jägers war, dass alle intellektuellen Fähigkeiten an jeder Intelligenzleistung in deutlich unterschiedlicher Gewichtung beteiligt sind. Weitere Annahmen besagen, dass Intelligenzleistungen und Fähigkeiten unter verschiedenen Aspekten bzw. Modalitäten klassifizierbar sind und Fähigkeiten eine hierarchische Struktur aufweisen, also sich unterschiedlichen Generalitätsebenen zuordnen lassen.[41] Sein Modell fußt auf der Inventarisierung von ca. 2000 Aufgaben, von denen eine repräsentative Stichprobe von 200 Aufgaben einer großen Stichprobe von Abiturienten im Abstand von vier Jahren zweimal zur Bearbeitung vorgelegt wurden. Die Durchführung faktorenanalytischer Auswertung auf dieser Datengrundlage führte zur Abgrenzung verschiedener Hauptdimensionen von Intelligenz.[42] An der Spitze des hierarchischen Modells steht als Integral aller Fähigkeiten die „allgemeine Intelligenz". Die Bimodalität entsteht durch die daran anfolgende Aufteilung sehr

[35] Vgl. Becker (2014a), S. 105,
[36] Vgl. Becker (2014a), S. 92, Süß (2003), S. 218
[37] Süß (2003), S. 218
[38] Becker (2014a), S. 92-93
[39] Vgl. Becker (2014a), S. 93-94
[40] Vgl. Süß (2003), S. 219
[41] Vgl. Becker (2014a), S. 98
[42] Vgl. Becker (2014a), S. 96

allgemeiner Fähigkeiten in die beiden Facetten „Inhalte" und „Operationen". Zu Inhalten gehören Fähigkeiten, welche an gewisse Denkinhalte geknüpft sind und teilen sich auf in numerische, verbale und figural-bildhafte Aspekte. Operationen sind in vier Arten von Kognitionen aufgeteilt: Bearbeitungsgeschwindigkeit, Merkfähigkeit, Einfallsreichtum und Verarbeitungskapazität. Die zwölf Rautenzellen, die sich durch die Aufteilung in drei Inhalte und vier Operationen ergeben, können als spezifischere Fähigkeiten interpretiert werden.[43]

Dieses Intelligenzmodell wurde vielfach und mit unterschiedlichem Aufgabenmaterial erfolgreich repliziert. Auch in kulturübergreifenden Studien konnte seine Gültigkeit belegt werden.[44]

2.2.3 Das Modell der multiplen Intelligenzen von Howard Gardner

Sowohl konzeptionell, als auch methodisch wählte Howard Gardner ein von seinen Vorgängern abweichendes Vorgehen. Intelligenz sei ihm zufolge dynamisch, die Entwicklung derer erfolge ein Leben lang. Er begriff sie als Bündel von Kompetenzen mit vielfältigen Facetten, das Menschen ermöglicht, Probleme zu lösen. Auch die nicht-kognitiven Aspekte werden in Gardners Modell eingeschlossen. Methodisch richtete er seinen Untersuchungsfokus auf Berühmtheiten, besonders begabte Personen und Menschen mit Hirnschädigungen. Gardner postulierte drei Annahmen für Intelligenz: Zunächst verstehe er sie als biopsychologisches Potenzial des Menschen, bestimmte Informationen auf eine gewisse Art und Weise zu verarbeiten. Weiterhin könnten allen verschiedenen Intelligenzen charakteristische neuronale Prozesse zugeordnet werden, und schließlich entwickelte sich nach ihm jede Intelligenzart mit dem Ziel, mit bestimmten Inhalten einer berechenbaren Welt zu verfahren. Ebenfalls spricht sich Gardner für einen erheblichen Einfluss von Umweltfaktoren auf menschliche Fähigkeiten neben einer genetischen Basis aus. Je mehr Anregungen die Umwelt böte und je intensiver sich die Ressourcen von einer Person entwickelten, umso weniger sei die genetische Basis noch von Bedeutung.[45] Ursprünglich lotete Gardner 1983 sieben verschiedene Intelligenzen aus. Diese ergänzte er 1996 um zwei weitere: Die naturkundliche sowie die existenzielle Intelligenz.[46] In der folgenden Tabelle werden die neun multiplen Intelligenzen und ihnen zugrundeliegende Fähigkeiten benannt.

Intelligenzkomponente	Subsumierte Fähigkeiten
Sprachliche Intelligenz	Fähigkeit des guten Sprachumgangs
Logisch-mathematische Intelligenz	Logische Problemanalyse, Durchführung mathematischer Operationen, Untersuchung wissenschaftlicher Fragestellungen
Räumliche Intelligenz	Verständnis großer Raumstrukturen, Sinn für enger begrenzte Raumfelder
Musikalische Intelligenz	Musikalische Begabung, Fähigkeit zu Komponieren
Köperlich-kinästhetische Intelligenz	Werk- oder Produktgestaltung mithilfe des eigenen Körpers
Interpersonale Intelligenz	Sensibilität für Motive, Absichten und Wünsche anderer zur erfolgreichen Zusammenarbeit
Intrapersonale Intelligenz	Sensibilität für das eigene Innere, realistische Selbsteinschätzung
Naturkundliche Intelligenz	Wahrnehmung naturkundlicher Gesetzmäßigkeiten und umweltbezogener Zusammenhänge
Existenzielle Intelligenz	Fähigkeit, das "große Ganze" zu betrachten, seinen Platz darin zu verstehen

Tabelle 1: Die neun Intelligenzkomponenten und subsumierte Fähigkeiten in Gardners Modell der multiplen Intelligenzen (Quelle: Eigene Darstellung in Anlehnung an Becker (2014), S. 100-101 und Maltby/Day/Macaskill (2017), S. 286)

---

[43] Vgl. Becker (2014a), S. 96, Süß (2003), S. 219-220
[44] Vgl. Süß (2003), S. 220, Becker (2014a), S. 98
[45] Vgl. Becker (2014a), S. 99-102
[46] Vgl. Maltby/Day/Macaskill (2017), S. 286

2.3 Diskussion der vorgestellten Intelligenzmodelle

Mit seiner Zweifaktoren-Theorie etablierte Charles Spearman seinerzeit ein äußerst einflussreiches Intelligenzmodell. Bis zu diesem Zeitpunkt waren die Herangehensweisen zur Intelligenzmessung von sehr praktischer Natur.[47] Die von ihm erstmalig verwendete Methode der Faktorenanalyse zur Konzeptualisierung von Intelligenz wurde bei zahlreichen weiteren Modellen der Intelligenz und anderen Persönlichkeitseigenschaften benutzt, wie etwa im Zwei-Faktorenmodell von Horn und Cattell oder im 16-Persönlichkeitsfaktorentest „16PF" von Catell.

Spearmans Modell kann den Strukturtheorien der Intelligenz zugeordnet werden. Die Beschreibung und Explikation einzelner, unterscheidbarer Fähigkeiten, die nach strukturtheoretischer Ansicht weitgehend voneinander unabhängig operieren, bildet den Schwerpunkt dieser Theorien. Ferner seien postulierte Fähigkeiten von hoher Generalität und zeitlicher Stabilität.[48]

Auch Jägers Berliner Intelligenzstrukturmodell ist den Strukturtheorien zugehörig, integriert an oberster Stelle ebenso einen Generalfaktor der Intelligenz und nutzt faktorenanalytische Auswertungsverfahren. Im Unterschied zu Spearman jedoch bemühte sich Jäger um einen integrativeren Ansatz dergestalt, konkurrierende Strukturmodelle zu einem Gesamtmodell zusammenzuführen und nahm weiterhin an, dass alle intellektuellen Fähigkeiten in unterschiedlicher Gewichtung an jeder Intelligenzleistung beteiligt sind. Ein weiterer Unterschied ist die hierarchische Struktur des BIS, denn, anders als Spearman, vermutete Jäger unterschiedliche Generalitätsebenen für intellektuelle Fähigkeiten. Weiterhin differenziert sich das Berliner Intelligenzstrukturmodell auch dadurch von Spearmans Zweifaktoren-Theorie, dass die Kreativität als kognitive Operation berücksichtigt wurde, die zur Gesamtintelligenz beiträgt. [49]

Hauptkritikpunkt, der Theorien, die einen „g"-Faktor integrieren, entgegengesetzt wird, ist der unterschiedliche Entwicklungsverlauf der Intelligenzen.[50]

Eine gänzlich verschiedene Herangehensweise wählte Howard Gardner mit der Theorie der multiplen Intelligenzen. Er argumentierte, westliche Systeme tendieren dazu, logisch-mathematische und sprachliche Intelligenz in den Vordergrund zu drängen, während andere Formen von Intelligenz in den Hintergrund geraten, schulisch kaum gefördert werden. [51]

Seine Theorie kann als Gegenentwurf zur traditionellen psychometrischen Methodik betrachtet werden. Er verwendet keine a-priori-Definitionen, die im Anschluss bemessen werden sollen, oder mathematische Verfahren wie die Faktorenanalyse. Nach Gardner entstand seine Theorie durch Einsicht in die Arbeitsweise des menschlichen Gehirns.[52]

Auch das Modell der multiplen Intelligenzen zeigt Schwachstellen: Studien legen nahe (Almeida et al. 2010, Visser et al. 2006), dass sich verschiedene, Gardner zufolge unabhängige, Intelligenzkomponenten überlappen. So weisen die linguistische, logisch-mathematische, räumliche, naturalistische und interpersonale Intelligenz starke Korrelationen mit „g" auf. Möglicherweise fand Gardner lediglich neue Bezeichnungen für in bestehenden Modellen bereits berücksichtigte Aspekte.[53]

---

[47] Vgl. Maltby/Day/Macaskill (2017), S. 271
[48] Vgl. Süß (2003), S. 217-218
[49] Vgl. Becker (2014a), S. 98
[50] Vgl. Süß (2003), S. 219, Becker (2014), 105
[51] Vgl. Maltby/Day/Macaskill (2017), S. 285
[52] Vgl. Becker (2014a), S. 99
[53] Vgl. Gerrig/Zimbardo (2015), S. 352

2.4 Intelligenzmessung im Alltag

2.4.1 Intelligenz als valider Erfolgs- und Leistungsprädiktor

Extensive Forschungen zum Thema Intelligenzmessung kommen zum eindeutigen Schluss, dass IQ-Werte valide Prädiktoren für Schulnoten von der Grundschule bis zur Universität, den beruflichen Status und der beruflichen Leistungsfähigkeit sind (Gottfredson, 2002; Nettelbeck & Wilson, 2005). Sie messen jene Fähigkeiten, die für Erfolg relevant sind, auf valide Art und Weise. Intelligenz hat demnach direkten Einfluss auf Erfolg.[54]

Vor diesem Hintergrund bieten sich Intelligenzmessungen für die rechtzeitige Entdeckung und Förderung überdurchschnittlich bzw. unterdurchschnittlich intelligenter Kinder an. Besonders Begabte sollten speziell konzipierten Unterricht erhalten, was bereits an vielen Schulen in Form von sog. Hochbegabtenklassen praktisch umgesetzt wird. So erhalten nicht nur überdurchschnittlich intelligente Kinder von Anfang an Unterricht, der sie optimal auslastet und nicht unterfordert, sondern auch unterdurchschnittlich intelligente Schüler werden nicht dadurch entmutigt, dass sie für Aufgaben länger als alle anderen benötigen oder dem raschen Lehrtempo nicht standhalten können. Insgesamt leisten Intelligenzmessungen einen sinnvollen Beitrag in Situationen, in denen schulische, universitäre oder berufliche Leistung determiniert werden soll.

2.4.2 Intelligenzmessung zum Zwecke interkulturreller Intelligenzvergleiche

Weniger valide hingegen sind nach Forschungserkenntnis Intelligenzvergleiche zwischen verschiedenen Kulturen und Ethnien (Greenfield, 1997; Serpell, 2000). Zum sinnvollen interkulturellen Intelligenzvergleich müssen Tests herangezogen werden, die für jede einzelne Gruppe validiert wurden. Auch dann werden noch systematische Verzerrungen vermutet, etwa bei Tests, die das Sprachverständnis erfassen. Hier ist nicht davon auszugehen, dass verschiedene Kulturen stets auf die gleichen Wissensbestände zurückgreifen können. Auch ist es möglich, dass Form und Durchführung des Tests nicht zu entsprechenden gesellschaftlichen bzw. kulturellen Vorstellungen von Intelligenz passen.[55] Auch nach Howard Gardner variiert die Wertschätzung einzelner Intelligenzkomponenten abhängig von Gesellschaft, Kulturkreis und deren zugrundeliegenden Anforderungen an die Lebensgestaltung. Während in westlichen Gesellschaften der logisch-mathematischen und linguistischen Intelligenz hoher Stellenwert zugeschrieben wird, ist etwa auf den Karolinen, einer Inselgruppe im Westpazifik, die räumliche Vorstellungskraft von hoher Bedeutsamkeit, da hier immer noch für viele Seeleute die Anforderung besteht, weite Seestrecken ohne Karte zu navigieren. Intellektuelle Herausforderungen dieser Art geraten in westlichen Gesellschaften aufgrund der breiten Etablierung von GPS-Technologien zunehmend in den Hintergrund. Weiterhin schätzen kollektivistische Gesellschaften, die in Japan und anderen fernöstlichen Ländern angesiedelt sind, die interpersonale Intelligenz, das kooperative Handeln und das Leben in der Gemeinde deutlich mehr als hiesige individualistische Gesellschaften.[56]

Die in diesem Kapitel anfangs vorgestellten unterschiedlichen Definitionen von Intelligenz zeigen, dass kaum innerhalb einer Kultur ein klares Verständnis über alle Aspekte von Intelligenz besteht. Der Versuch, darauf aufbauend noch interkulturelle Vergleiche anzustellen, obgleich andere Kulturen oft eine gänzlich andere Auffassung von Intelligenz haben, ist nicht sinnvoll und wird nur schwer zu validen Ergebnissen und Konklusionen führen.

---

[54] Vgl. Gerrig/Zimbardo (2015), S. 359
[55] Vgl. Gerrig/Zimbardo (2015), S. 359
[56] Vgl. Gerrig/Zimbardo (2015), S. 351-352

2.4.3 Intelligenztests im Rahmen der Personalauswahl

Vor dem Hintergrund diverser Studienergebnisse, die Intelligenz als validen Prädiktor für schulische und berufliche Leistung betrachten, ist der Einsatz von Intelligenztests im Rahmen der Personalauswahl zunächst positiv zu bewerten. Hinzu kommt eine weitere Metaanalyse, die ebenfalls zum Ergebnis kam, dass die generelle Intelligenz recht hoch mit $r = 0,54$ mit beruflicher Leistung korrelierte (Hunter & Hunter, 1984)[57]. Dennoch muss kritisiert werden, dass der Druck in solchen Settings der Leistungsdiagnostik und -evaluation für Bewerber oft enorm hoch ist, da mit einem Job, oder der Aussicht auf einen, meist existenzielle Hoffnungen und Ängste einhergehen. Somit sollte mit Verzerrungen und Fluktuationen der IQ-Ergebnisse gerechnet werden. Überdies sollte ein Intelligenztest nur einen Teilaspekt des Personalauswahlprozesses darstellen. Neben Intelligenz sind auch weitere Persönlichkeitsmerkmale oder spezifische Bereichskenntnisse von Bedeutung für beruflichen Erfolg. So könnte eine Person etwa einen überdurchschnittlichen IQ im Vergleich zu anderen Bewerbern aufweisen, dafür aber auch hohe Extraversions- und Ärgerdisposition zeigen. Hier sollte genau überlegt werden, ob ein überdurchschnittlicher IQ einen leicht reizbaren, schnell aus der Haut fahrenden Persönlichkeitstyp rechtfertigt.

Insgesamt sind Intelligenztests mit Recht methodischer Bestandteil der Personalauswahl. Dennoch sollte keine Monopolisierung des IQ-Tests stattfinden, sondern dieser in Kombination mit anderen Methoden dargeboten werden. Die aktuelle Forschung unterstützt dies, indem gezeigt werden konnte, dass bei Personalauswahlprozessen unter Verwendung multipler Methoden eine höhere Person-Situation-Passung erzielt wird als bei jenen, die etwa lediglich unstrukturierte Interviews durchführen.[58]

3 Persönlichkeitsmodelle: Dimensionale Ansätze und Typologien

3.1 Dimensionale Ansätze

Im Wesentlichen können Persönlichkeitsmodelle als dimensional oder typologisch konstruiert werden. Bei dimensionalen Modellen werden Personen hinsichtlich ihrer Ausprägungsstärke eines bestimmten Verhaltensmerkmals auf einer Skala angeordnet. Eigenschaften werden als latente Dimensionen betrachtet, die aus wiederholten Verhaltens- bzw. Erlebensäußerungen erschlossen werden. Durch die verschiedene Ausprägungsstärke von Individuen bezüglich der untersuchten Merkmale werden interindividuelle Unterschiede deutlich.[59] Sie zielen auf die Beschreibung des Konstrukts Persönlichkeit durch das Zusammenspiel grundlegender Persönlichkeitsdimensionen ab, die interindividuell unterschiedliche quantitative Ausprägungsgrade mit sich bringen. Dimensionale Modelle sind unterscheidbar in der Anzahl der zur Persönlichkeitsbeschreibung betrachteten Merkmale. So existieren einerseits eindimensionale Modelle, bei denen die Ausprägungsstärke genau eines Merkmals betrachtet wird. Dazu gehören monopolare Modelle, die nur einen Extrempol der Ausprägung benennen, etwa bei der Körpergröße oder dem Grad der Ängstlichkeit einer Person und bipolare Modelle, welche beide Extrempole nennen. Hier wird etwa die Skala der Extraversion bzw. Introversion hinzugezählt. Eindimensionale Modelle werden jedoch der klaren Persönlichkeitsdifferenzierung kaum gerecht, da beispielsweise nah beieinander angeordnete

---

[57] Vgl. Becker (2014a), S. 107
[58] Vgl. Becker (2014b), S. 87
[59] Vgl. Becker (2014a), S. 19

Personen auf der Extraversions-Introversionsskala dennoch starke Abweichungen für andere Merkmale aufweisen können, etwa bezüglich der Ängstlichkeit oder Gewissenhaftigkeit.[60]

Zweidimensionale Modelle betrachten Persönlichkeit durch die Kombination zweier, voneinander unabhängiger Merkmale. So könnte man etwa die bipolaren Dimensionen Extraversion-Introversion und Neurotizismus-emotionale Stabilität zur Beobachtung interindividueller Differenzen nutzen, hier würden sich vier Einteilungsklassen ergeben. Zwar resultieren daraus bereits differenziertere Beobachtungen als aus eindimensionalen Modellen, dennoch wird Persönlichkeit noch immer vereinfacht dargestellt, Informationen gehen verloren.[61]

In mehrdimensionalen Modellen wird die Kombination der Ausprägung mehrerer, beliebig vieler Merkmale beobachtet. Die Beschreibung interindividueller Unterschiede wird zunehmend mit der Anzahl der betrachteten Merkmale präziser, allerdings sinkt durch die ansteigende Komplexität gleichzeitig die Informationsüberschaubarkeit.[62]

3.1.1 "The Big Five" von Costa und McCrae

Zu jenen mehrdimensionalen Modellen zählt eines der heute etabliertesten Persönlichkeitsmodelle, das Fünf-Faktoren-Modell oder „The Big Five". Es entstammt einer statistischen Analyse von Kategorien zur Eigenschaftsbegriffen, nachdem mehrere unabhängigen Forschungsarbeiten (Norman, 1963, 1967; Tupes & Christal, 1961) zum Schluss kamen, dass es nur fünf grundlegende Dimensionen gibt, mit denen Persönlichkeit beschrieben werden kann. Sie fungieren als Klassifikationssystem, welches zur Beschreibung von allen Personen unter Berücksichtigung der bedeutsamsten Dimensionen, in denen sie sich unterscheiden, angewandt werden kann. [63] Die nachfolgende Tabelle zeichnet diese fünf Dimensionen und ihre bipolare Definition ab.

Dimension	Bipolare Definition
Offenheit für Erfahrungen	Kreativ, intellektuell, offen vs. Einfach, unintelligent, oberflächlich
Gewissenhaftigkeit	Organisiert, verantwortungsbewusst, vorsichtig vs. Sorglos, verantwortungslos, leichtsinnig
Extraversion	Gesprächig, energiegeladen, durchsetzungsfähig vs. Schüchtern, ruhig, zurückhaltend
Verträglichkeit	Mitfühlend, freundlich, herzlich vs. Kalt, streitsüchtig, unbarmherzig
Neurotizismus	Stabil, ruhig, zufrieden vs. Instabil, ängstlich, launisch

Tabelle 2: Dimensionen und bipolare Definitionen des Fünf-Faktoren-Modells von Costa & McCrae.
(Quelle: Eigene Darstellung in Anlehnung an Gerrig/Zimbardo (2015), S. 509)

Die fünf Dimensionen gelten als praktikables, nachvollziehbares und verlässliches Koordinatensystem, mithilfe derer die meisten bedeutenden Persönlichkeitsmerkmale zuverlässig erfasst werden können.[64] Die fünf-faktorielle Struktur konnte in zahlreichen Nationen und Landessprachen repliziert werden, was für die kultur- und gesellschaftsübergreifende Universalität des Modells spricht.[65]

3.2 Typologische Ansätze

Typologische Persönlichkeitsmodelle hingegen sind klar umgrenzte Muster von Charakteristika, die zur Kategorisierung von Personen verwendet werden. Gegensätzlich zu dimensionalen Ansätzen bemessen sie keine quantitativen, graduellen Differenzen in der jeweiligen Merkmalsausprägung, sondern qualitative Unterschiede.[66] Man kann sie als Alles-oder-Nichts-Phänomene bezeichnen: Ist die Person einem Typ eines Klassifikationssystems zugeordnet, kann sie keinem zweiten Typ aus diesem

---

[60] Vgl. Becker, Podcast 1105 Modelle der Persönlichkeit, Folie 5
[61] Vgl. Becker, Podcast 1105 Modelle der Persönlichkeit, Folie 7
[62] Vgl. Becker, Podcast 1105 Modelle der Persönlichkeit, Folie 9
[63] Gerrig/Zimbardo (2015), S. 508-509
[64] Vgl. Becker (2014a), S. 46
[65] Vgl. Becker (2014a), S. 48; Gerrig/Zimbardo (2015), S. 509
[66] Gerrig/Zimbardo (2015), S. 733

System zugehörig sein. Durch die feste Zuordnung der Bevölkerung in eine begrenzte Anzahl von Kategorien unterscheiden sich die Persönlichkeiten innerhalb einer Kategorie jedoch stark. Andererseits finden Typologien häufig Verwendung im Alltag, denn sie bieten eine unkomplizierte Möglichkeit, andere Menschen rasch einzuordnen und besser zu verstehen.[67]

3.2.1 „Psychologische Typen" von Jung

Als Vertreter typologischer Ansätze kann der Psychiater Carl Gustav Jung und sein Modell „Psychologische Typen" angeführt werden. Er ging von zwei Einstellungstypen aus, die sich in ihrer Interaktion mit ihrer Umwelt unterschieden: extravertierte Persönlichkeiten seien nach außen gekehrt und orientieren Bewusstseinsinhalte und Verhalten primär an ihrer Außenwelt, während sich introvertierte Typen tendenziell an ihrer Innenwelt ausrichten und in sich gekehrt sind. Diese zwei Einstellungstypen kombiniert Jung mit vier Bewusstseinsfunktionen, dem Denken, Fühlen, Empfinden und der Intuition. Je nach Person ergeben sich nach Jung unterschiedliche Ausprägungen dieser vier Funktionen, so habe eine impulsive Person etwa stärkere Ausprägungen in Intuition und Empfinden, dagegen schwächere im Fühlen und Denken. Es ergeben sich also 16 mögliche psychologische Typen durch Kombination von Einstellungstypen und Bewusstseinsfunktionen.[68] Acht davon, die Jung näher betrachtete, sind in der folgenden Tabelle aufgeführt:

Funktion	Einstellungstyp: Extravertiert	Einstellungstyp: Introvertiert
Denken	objektiv, lebt nach Regeln, ignoriert seine Spiritualität	intellektuell, wirkt kalt und unnahbar, fühlt sich in sozialen Situationen unwohl
Fühlen	konventionell, umgänglich, angepasst	ruhig, nachdenklich, wirkt geheimnisvoll, fühlt intensiv
Empfinden	unbesonnen, genussfreudig, initiativ	sehr empfindlich, ruhig, passiv
Intuition	kreativ, vertraut eigenen Ahnungen, begeisterungsfähig, spekulativ	verschlossen, wirkt verträumt, visionär, künstlerisch

Tabelle 3: Acht psychologische Typen nach Jungs Typenlehre (Quelle: Eigene Darstellung in Anlehnung an Becker (2014), S. 24)

3.3 Anwendungsgebiete dimensionaler sowie typologischer Persönlichkeitsmodelle im arbeitspsychologischen Kontext

3.3.1 Dimensionale Ansätze zur Personalauswahl

Eine Studie des Instituts für Unternehmensführung der Fachhochschule Mannheim deckte in Kooperation mit dem Beratungsunternehmen Rother & Partner auf, dass 41% der in Deutschland börsennotierten Unternehmen, die an der Umfrage teilnahmen, in den letzten drei Jahren Persönlichkeitstypologien zur Personalarbeit nutzten. Diese wurden vornehmlich für Potenzialermittlung von Führungskräften, Verbesserung von Führungsverhalten, Potenzialanalysen oder Teamentwicklungsmaßnahmen eingesetzt.[69] Jedoch ist der vermehrte Einsatz typologischer Ansätze durchaus kritisierbar: Nicht nur fördern sie ein Schwarz-Weiß- bzw. Schubladendenken durch ihre unflexiblen, statischen Kategorien, sondern werden durch ihre absolutistische Alles-oder-Nichts-Struktur oftmals der Individualität des Einzelnen nicht gerecht. Gerade zu Zwecken der Personalauswahl in Assessment Centern sollten dimensionale Ansätze vorgezogen werden, welche die Persönlichkeit insgesamt facettenreicher, profunder und realitätsnäher abbilden. Generell ist also vom Einsatz von Typentests im Rahmen der Personalauswahl abzuraten.[70] Stattdessen empfiehlt sich die Verwendung etablierter dimensionaler Ansätze, wie etwa das Fünf-Faktoren Modell, das nachweislich prädiktive Aussagen hinsichtlich Persönlichkeit und beruflicher Leistung trifft. So konnten

---

[67] Vgl. Becker (2014a), S. 20-21
[68] Vgl. Becker (2014a), S. 23; http://www.carl-gustav-jung.net (2013)
[69] Vgl. Becker (2014a), S. 21
[70] Vgl. Becker (2014b), S. 72

Metaanalysen (Salgado, 2003) belegen, dass Gewissenhaftigkeit und niedriger Neurotizismus mit beruflichem Erfolg korrelieren, wobei die prädiktive Kraft der Gewissenhaftigkeit stärker ist als die des niedrigen Neurotizismus. Extraversion erwies sich als zuverlässiger Prädiktor für Berufe, die vermehrt soziale Interaktion erfordern.[71] Auch für das Leistungsmotivationsinventar, kurz LMI, ein weiteres dimensionales Persönlichkeitsmodell, welches vornehmlich berufsrelevante Merkmale der Leistungsmotivation, ausgedrückt durch die Hauptfaktoren Ehrgeiz, Unabhängigkeit und aufgabenbezogene Motivation als beruflichen Erfolgsprädiktor versteht[72], konnten in einer Studie mit Auszubildenden in kaufmännischen Berufen Korrelationen zwischen hohen Testwerten der Leistungsmotivation und dem Ausbildungserfolg aufgezeigt werden.[73] Diese Fälle sollten den praktischen Nutzen verschiedener dimensionaler Modelle durch ihre prädiktive Vorhersagekraft über späteren Erfolg zur anfänglichen Personalauswahl deutlich veranschaulichen.

3.3.2 Typologische Ansätze zu Teambildungsmaßnahmen

Doch auch typologische Ansätze finden praktischen Nutzen im arbeitspsychologischen Kontext. Wie oben diskutiert, sind Typentests eher ungeeignet zur facettenreichen, individualitätsgerechten Persönlichkeitsanalyse. Wohl aber sind sie geeignet zur Konstruktion von Idealmodellen, die zum Vergleich mit realen Personen dienen, oder zur grundlegenden, auf wenige Merkmale beschränkte Selbstbildanalysen von Menschen.[74] Vor diesem Hintergrund kann etwa im Rahmen einer anstehenden Teambildungsmaßnahme auf einen speziell für diesen Zweck konzipierten Typentest zurückgegriffen werden, beispielsweise den Teamrollentest von Belbin. Dieser sieht neun Rollen vor, die in einem Team zu besetzen sind. Die Rollen können als Typen aufgefasst werden und beschreiben „idealisierte, überprägnante Typisierungen".[75] Er unterteilt handlungsorientierte Rollen, die vom Typ des Machers, des Umsetzers und des Perfektionisten eingenommen werden, kommunikationsorientierte Rollen, die der Koordinator, der Teamarbeiter und der Wegbereiter besetzen, sowie wissensorientierte Rollen, zu denen der Typ des Erfinders, des Beobachters und des Spezialisten zählen.[76] In diesem Kontext liefern typologische Ansätze gute Anhaltspunkte über eine sinnvolle, produktive Teamzusammensetzung und Aufgabenverteilung innerhalb des Teams. Konflikte können auf diesem Weg gelöst bzw. präventiv verhindert werden.[77]

---

[71] Vgl. Becker (2014b), S. 85
[72] Vgl. Becker (2014b), S. 77
[73] Vgl. Becker (2014b), S. 80
[74] Vgl. Becker (2014a), S. 21
[75] Neuberger (2002), S. 316, zitiert nach Becker (2014b), S. 93
[76] Vgl. Becker (2014b), S. 93
[77] Vgl. Becker (2014b), S. 95

Literaturverzeichnis

- **Aronson, E./Wilson, T./Akert, R./Sommers, S.** (2016), Social Psychology, 9. Aufl., Boston.

- **Asendorpf, J.** (2015), Persönlichkeitspsychologie für Bachelor, 3. Aufl., Berlin.

- **Gerrig, R. J./Zimbardo, P.** (2015), Psychologie, 20. Aufl., Hallbergmoos.

- **Becker, B.** (2014a), Grundlagen der Differentiellen und Persönlichkeitspsychologie, 1. Aufl., Studienbrief der SRH Fernhochschule, Riedlingen.

- **Becker, B.** (2014b), Praxisfelder der Differentiellen und Persönlichkeitspsychologie, 1. Aufl., Studienbrief der SRH Fernhochschule, Riedlingen.

- **Rauthmann,J. F.** (2017), Persönlichkeitspsychologie: Paradigmen – Strömungen – Theorien, 1. Aufl., Berlin.

- **Stemmler, G./Hagemann, D./Amelang, M./Spinath, F. M.** (2016), Differentielle Psychologie und Persönlichkeitsforschung, 8. Aufl., Stuttgart.

- **Tröster, H.** (2018), Diagnostik in schulischen Handlungsfeldern, 1. Aufl., Stuttgart.

- **Binet,A./Simon, T.** (1904), Méthodes nouvelles pour le diagnostic du niveau intellectuel des anormaux. In: Beaunis, H. et al. (Hrsg.), L'Année psychologique vol. 11, unbekannter Ort, S. 191-244.

- **Stern, W.** (1935), Allgemeine Psychologie auf personalistischer Grundlage, 2. Aufl., Den Haag.

- **Wechsler, D.** (1964), Die Messung der Intelligenz Erwachsener, 3. Aufl., Bern, Stuttgart.

- **Neubauer, A./Stern, E.** (2007), Lernen macht intelligent: Warum Begabung gefördert werden muss, 1. Aufl., München.

- **Hofstätter, P. R.** (1957), Fischer Lexikon Psychologie, 1. Aufl., Frankfurt.

- **Süß, H.-M.** (2003), Intelligenztheorien. In: Kubinger, K. D./Jäger, R. S. (Hrsg.), Schlüsselbegriffe der Psychologischen Diagnostik, 1. Aufl., Weinheim.

- **Maltby, J./Day, L./Macaskill, A.** (2017), Personality, Individual Differences and Intelligence, 4. Aufl., Harlow.

- **Neuberger, O.** (2002), führen und führen lassen, 1. Aufl., Stuttgart.

Internetquellen

- **Becker, B.**, Podcast 1105, Modelle der Persönlichkeit, https://mobile-university.cloud.panopto.eu/Panopto/Pages/Sessions/List.aspx#folderID=%224568eb19-fd7a-4b86-a51a-a8e3308289a7%22, abgerufen am 05.02.2019.

- **Schmitt, M.** (2019): State. In M. A. Wirtz (Hrsg.), Dorsch – Lexikon der Psychologie, https://m.portal.hogrefe.com/dorsch/state/, abgerufen am 29.01.2019

- **Rauthmann, J.** (2019): Person-Situation Debatte. In M. A. Wirtz (Hrsg.), Dorsch – Lexikon der Psychologie, https://portal.hogrefe.com/dorsch/person-situation-debatte/, abgerufen am 29.01.2019

- **Lazarus, C.** (2017): Do You Confuse People's "States" With Their "Traits?", https://www.psychologytoday.com/us/blog/think-well/201710/do-you-confuse-peoples-states-their-traits, abgerufen am 30.01.2019.

- **Gawlick, R.** (2013): Carl Gustav Jung: Theorien: Psychologische Typen, http://www.carl-gustav-jung.net/psychologische-typen.shtml, abgerufen am 08.02.2019.

Abbildungsverzeichnis

Tabellenverzeichnis

Abkürzungsverzeichnis

Vgl.	Vergleiche
Bzw.	Beziehungsweise
Ca.	Circa
Sog.	Sogenannt

BEI GRIN MACHT SICH IHR WISSEN BEZAHLT

- Wir veröffentlichen Ihre Hausarbeit, Bachelor- und Masterarbeit

- Ihr eigenes eBook und Buch - weltweit in allen wichtigen Shops

- Verdienen Sie an jedem Verkauf

Jetzt bei www.GRIN.com hochladen und kostenlos publizieren